Cuatrocientas

Inés Galiano

Cuatrocientas

OBRA TEATRAL SELECCIONADA
Festival Celsius 232 (2024)

ORPHEUS EDICIONES CLANDESTINAS

© 2022 Inés Galiano

© 2024 Orpheus Ediciones Clandestinas

© DE LA FOTOGRAFÍA DE PORTADA: Pol Roca
*En la imagen aparecen, de izquierda a derecha, Leticia Damonte,
Carlota Caparrós y Quim González*

DISEÑO, COMPOSICIÓN Y EDICIÓN:

ORPHEUS EDICIONES CLANDESTINAS
Gijón, Asturias, España
editorial@orpheus.es orpheus.es

ISBN: 978-84-196915-3-8
DEPÓSITO LEGAL: AS-01595-2024

ESTE LIBRO HACE EL NÚMERO 125 DEL CATÁLOGO DE ORPHEUS.

Impreso por Podiprint

Impreso en España | Printed in Spain

Avilés, Principado de Asturias (España), 2024

A mis padres, por llevarme
desde pequeña al teatro

A Cia La Literata, por hacer que Alana,
Fede y Mael cobren vida

Y a todos los que vais a verla
para que este sueño se haga realidad

NOTA DE LA AUTORA

Esta obra se escribió en pandemia y permaneció en el cajón desde entonces, porque el teatro necesita un público y un espacio.

Después de cuatro años, esta obra tiene la enorme suerte de encontrar su espacio no solo en un lugar tan maravilloso como el Festival Celsius, sino además salir publicada en una editorial teatral como **Orpheus**. Gracias, Jorge Iván, y gracias, Nieves, por hacerlo posible. No puedo expresar lo feliz que me hace todo esto.

Gracias también a Leticia, Carlota y Quim, los tres grandes actores que han hecho que estos personajes cobren vida y lo han hecho tan bien. Gracias a Mireia por ser una gran ayudante y voluntaria, a Toni por la comedia y el apoyo siempre, y a Alberto por darnos ese primer impulso y mención en el Festival Mutis.

Ver ciencia ficción o fantasía sobre el escenario es poco común y parece que está reservado solamente para grandes producciones y musicales, pero a veces se nos olvida que la imaginación no tiene límites. Lo imposible en el teatro es posible y solo por eso merece la pena seguir intentándolo.

Existe un tipo de magia que solo sucede sobre un escenario, que es diferente en cada función y que no puede repetirse ni puedes controlar del todo. Pero también hay otra magia distinta que puede plasmarse en el papel, y que depende de tu imaginación. Así que, gracias a ti también, que estás leyendo esto, estés en la butaca del teatro o sumergida entre estas páginas. Ojalá disfrutes Cuatrocientas veces de esta historia con Fede, Alana y Mael, y quizá, si dejas volar tu imaginación, algún día puedas llegar a visitar Urano III.

PERSONAJES

ALANA
FEDELMA (FEDE)
MAEL
ALTAVOZ (voz pregrabada)

ESCENARIO

ESTACIÓN DE TREN
(Escenario único minimalista: caja negra)

ATREZZO

BANCO
LIBRO (elegir en montaje de representación)
MALETA
CUBO DE RUBIK

Escena 1

Exterior. Estación de tren.

Mobiliario: solamente un banco en el andén.

En el banco, ALANA *sentada, leyendo un libro.*

ALTAVOZ.— Última llamada a los pasajeros del AVE Murcia-Barcelona. El tren efectuará su salida en los próximos minutos.

ALANA pasa la página.

[Sonido de silbato y de puertas cerrándose. Sonido de tren que se marcha.]

Entra FEDE *con el móvil. Se sienta en el otro lado del banco. Continúa con el móvil.*

ALTAVOZ.— El tren con origen Albacete efectuará su llegada en los próximos minutos.

Fede *se asoma por encima del hombro de* Alana *para investigar lo que está leyendo.* Alana *la mira y se aparta disimuladamente.* Fede *se ríe disimuladamente.* Alana *se gira hacia el lado del banco.* Fede *suelta una carcajada.*

Alana *mira a* Fede, *confusa.*

Fede.— *(Trata de hablar pero el Altavoz se lo impide.)* ¿Te gusta el libro?

Altavoz.— El tren con origen Albacete se aproxima al andén.

Alana *hace gestos de que no la oye.* Fede *sonríe y espera a que el Altavoz se detenga.*

Fede.— Que si te gusta.

Alana.— ¿El libro?

Fede.— ¿Has llegado ya a la parte donde se dan el lote? La del puente.

Alana *la mira confusa.*

Fede.— *(Para sí.)* La parte que tanto te gusta.

Alana *la mira sorprendida.*

[Sonido de un tren llegando. Sonido
de puertas abriéndose.]

ALANA.— ¿Cómo...?
Entra MAEL *por el otro lado, con una maleta en la mano estilo antiguo. La apoya en el
suelo, saca su móvil.*

FEDE.— ¿Cuánto tiempo es para siempre? A veces solo un segundo.

ALANA *se levanta de un salto, mirando a*
FEDE *asustada.*

FEDE.— Mierda, no quería... pensaba que así...
ALANA.— ¿Nos conocemos?
FEDE.— No, yo, bueno, sí, pero...
ALANA.— ¿De dónde? ¿Del taller de escritura?
FEDE.— Ehm, sí, claro, exacto.
ALANA.— ¿Cómo se llamaba la profesora?
FEDE.— Eh, profesora... ¿García?

ALANA *la mira, da un paso atrás, choca contra* MAEL.

MAEL.— Cuidado.

ALANA.— Perdón.
FEDE.— Espera.

> ALANA *sale de escena.* FEDE *mira a* MAEL.
> MAEL *se encoge de hombros.*

FEDE.— Joder, otra vez.

> [Se oye el pitido de un tren.]

> FEDE *levanta las manos haciendo un círculo para resetear la burbuja. Las luces parpadean.*

OSCURIDAD

Escena 2

Exterior. Estación de tren.

Mismo escenario.

En el banco, ALANA *sentada, leyendo un libro.*

ALTAVOZ.— Última llamada a los pasajeros del AVE Murcia-Barcelona. El tren efectuará su salida en los próximos minutos.

La chica pasa la página.

[Sonido de silbato y de puertas cerrándose. Sonido de tren que se marcha.]

Entra FEDE *muy despacio. Se sienta en el otro lado del banco.*

ALTAVOZ.— El tren con origen Albacete efectuará su llegada en los próximos minutos.

Fede observa a Alana con cautela. Alana la mira y la observa confundida. Fede sonríe. Alana la reconoce.

ALANA.— ¿Te conozco, no?
FEDE.— *(Sorprendida.)* ¿A mí?
ALANA.— ¿Del curso de escritura?
FEDE.— Lo dudo.
ALTAVOZ.— El tren con origen Albacete se aproxima al andén.
ALANA.— Que sí, nos hemos visto antes.
FEDE.— No, no puede ser.
ALANA.— Que sí. Estoy segura.
FEDE.— No, no, que es imposible.

[Sonido de un tren llegando. Sonido de puertas abriéndose.]

ALANA.— ¿Del evento de ciencia ficción?
FEDE.— Que no.

Entra MAEL *por el otro lado, con una maleta en la mano estilo antiguo. La apoya en el suelo, saca su móvil.*

FEDE.— Mira, no nos conocemos, pero me gustaría. Me llamo Fedelma.

ALANA *se levanta, parece que comprende algo.*

ALANA.— ¿Qué has hecho?
FEDE.— ¿Yo? Nada. ¿Por qué? (parece nerviosa)
ALANA.— *(Reconociendo.)* Creo que ya hemos estado aquí...
FEDE.— No creo. ¿No me vas a decir tu nombre?
ALANA.— Ya lo sabes, ¿verdad?
FEDE.— No, porque no me lo has dicho aún.
ALANA.— *(Duda de sí misma.)* Perdón, mira, mejor me voy.
FEDE.— No, espera.
ALANA.— No puedo, hmm, tengo prisa.

ALANA *comienza a irse, se choca con* MAEL.

MAEL.— Cuidado.
ALANA.— Perdón.
FEDE.— Espera.

ALANA *sigue dando pasos atrás.*

FEDE.— Alana, espera.

ALANA *se detiene.* FEDE *se muerde el labio.*

ALANA.— *(Para sí.)* Lo sabía.

FEDE.— No, no, ehmm, quería decir Elena.

ALANA *se da la vuelta.*

ALANA.— Sabes mi nombre.

ALANA *vuelve hasta el banco y se sienta.*
FEDE *la imita.*

FEDE.— Lo habré adivinado.

ALANA.— Sabes mi nombre y nos conocemos
de antes.

FEDE.— No, este es el momento en el que nos
conocemos.

ALANA.— Pero no es la primera vez que nos
conocemos, ¿me equivoco?

FEDE *se queda en blanco.*

FEDE.— Eso sería…

ALANA.— Imposible, ya.

FEDE.— Sí, exacto. Es imposible.

ALANA.— Si no tuvieras poderes.

FEDE *se queda en silencio, asombrada. La
mira, lo piensa. Suelta una carcajada.* ALA-
NA *no se ríe. Espera.*

MAEL *se pone el teléfono en la oreja y hace que habla.*
FEDE *deja de reírse y vuelve a mirar a ALA-NA.*

FEDE.— ¿Va en serio?
ALANA.— Sí.
FEDE.— Poderes.
ALANA.— Sí.
FEDE.— ¿Y qué poderes tengo, si puede saberse?
ALANA.— Una burbuja temporal que hace que este momento se repita.

FEDE *se levanta, la señala con el dedo.*

FEDE.— ¿Qué? ¿Cómo? *(Trata de reírse.)* ¿De dónde sacas eso?
ALANA.— En el bolsillo izquierdo llevas el tíquet del súper.

FEDE *se queda parada. La mira. Mete la mano en el bolsillo. Saca un ticket.*

FEDE.— *(Asustada.)* ¿Qué…?
ALANA.— ¿Tengo razón o no?
FEDE.— No.

ALANA *da un paso hacia* FEDE *para com-*
probarlo. FEDE *le hace gestos de que se de-*
tenga.

FEDE.— Vale, vale, sí, es un ticket. ¿Pero cómo
lo sabes?

ALANA *mira alrededor. Ve que* MAEL *sigue*
hablando por teléfono, le hace gestos a FEDE
para que se siente en el banco. FEDE *se sienta,*
aprensiva.

ALANA.— Yo también tengo poderes.
FEDE.— Pero que yo no tengo poderes.
ALANA.— ¿Vas a seguir negándolo?
FEDE.— Es que no son poderes, solamente es un
pequeño truco.
ALANA.— ¿Una burbuja temporal lo llamas pe-
queño truco? ¿Cuántas personas conoces que
puedan hacerlo?

FEDE *se rasca la cabeza.*

FEDE.— No es una burbuja. Mira, yo no soy de
esas… como esa gente de las películas. Yo solamente sé hacer esto y ya. No puedo volar, ni
lanzar rayos láser por los ojos, ni…

ALANA.— ¿Viajar al pasado?

FEDE.— ¡No es viajar al pasado! Es una pequeña burbuja.

ALANA.— ¡Ajá! Lo has dicho tú.

FEDE.— Bueno, vale, lo que tú quieras, pero... (La mira.) Espera. Tú también eres de esas, ¿no?

ALANA.— Soy de esas. Y no me importa decirlo.

FEDE *agita el ticket de la compra.*

FEDE.— ¿Tienes mirada láser?

ALANA.— No, no es letal, ojalá. (Se ríe.) Solamente es vista aumentada. Veo un par de cosas aquí y allá. Sirve de bien poco, la verdad.

FEDE.— Pues a mí me ha parecido bastante bueno. A ver, ¿cuántas cosas compré?

FEDE *pone el tiquet estirado y lo tapa con la mano.* ALANA *se concentra, mira la mano de* FEDE *y cuenta con los dedos.*

ALANA.— Brócoli, Arroz, quinoa, queso.

FEDE.— ¿A eso lo llamas solamente vista aumentada?

ALANA.— Sí. ¿Eres vegetariana?

FEDE.— Sí… pero no cambies de tema.

ALANA.— De acuerdo. *(Se queda seria.)* ¿Cuánto llevamos aquí?

FEDE.— ¿Un par de minutos?

ALANA.— En la burbuja. ¿Cuántas veces hemos repetido… esto? *(Señala el entorno.)*

FEDE.— Unas cuantas. Solamente.

ALANA.— Dímelo.

FEDE.— Dos o tres.

ALANA.— ¿Solamente?

FEDE.— Veintitrés.

ALANA.— *(Da un salto.)* ¡¡Veintitrés veces?!

FEDE.— Es que siempre intento hablar contigo y por algún extraño motivo... no sé, es que siempre te vas…

ALANA *la mira, dudando.* MAEL *cuelga el teléfono y busca en el móvil.*

ALANA.— ¿No se supone que revivir algo más de cuatro veces es peligroso?

FEDE.— No diría tanto…

ALANA.— ¡Me he despertado! ¿Lo ves? Normal no es.

FEDE.— No estabas durmiendo.

ALANA.— Quiero decir que has reseteado esto

tantas veces que me he despertado. Ya sabes, mi conciencia. Y yo puedo soportarlo, pero, ¿y él? *(Señala a Mael.)* ¿Podrá?

FEDE.— No le pasará nada.

ALANA.— Bueno, no podemos estar seguras.

MAEL.— *(Tira la maleta al suelo, se mira las manos aterrorizado.)* ¿Quién soy?

FEDE.— Mierda.

MAEL.— ¡Tú!

FEDE *levanta las manos haciendo un círculo para resetear la burbuja. Las luces parpadean.*

OSCURIDAD

Escena 3

Exterior. Estación de tren.

Mismo escenario.

En el banco, ALANA *sentada, leyendo un libro.*

ALTAVOZ.— Última llamada a los pasajeros del AVE Murcia-Barcelona. El tren efectuará su salida en los próximos minutos.

La chica pasa la página.

[Sonido de silbato y de puertas cerrándose. Sonido de tren que se marcha.]

Entra FEDE *despacio. Se sienta en el otro lado del banco.*

ALTAVOZ.— El tren con origen Albacete efectuará su llegada en los próximos minutos.

ALANA *la mira. Baja el libro. La reconoce.*
Vuelve a despertar.

ALANA.— ¿Has…?

FEDE.— Sí, sí, vale, seré sincera. Ya me has dicho que es lo mejor. Así que bueno, en fin, aquí va: estamos… en una burbuja temporal que he creado estúpidamente para ligar contigo.

ALANA.— *(Se pone de pie.)* ¡¿Cómo?!

FEDE.— Shhh. Calma, necesitamos un plan.

ALANA.— ¿Fede?

FEDE.— Bien, te acuerdas de mi nombre, así será más fácil, Alana.

ALANA.— ¿Has vuelto a resetear la burbuja? ¿Te has vuelto loca? ¿Cuántas veces llevamos ya?

FEDE.— Unas pocas…

ALANA.— Dímelo.

FEDE.— Treinta.

ALANA.— ¡¿Qué?! Los daños pueden ser irreversibles, si es que conseguimos siquiera…

FEDE.— *(La coge por los hombros.)* Calma.

ALTAVOZ.— El tren con origen Albacete se aproxima al andén.

FEDE.— Escúchame. En ese tren viene un chico con daños irreversibles.

ALANA.— ¿Cómo?

FEDE.— Necesito tu mirada láser.

ALANA.— No tengo mirada láser, solo mirada aumentada.

FEDE.— *(Al mismo tiempo.)* Solo mirada aumentada. Ya, ya, muy bien, lo que sea. Necesito que me ayudes.

ALANA.— Vale. Vale. A ver, pensemos.

FEDE.— Eso.

Alana piensa, Fede la mira expectante.

ALANA.— ¿Viene un pasajero que ha perdido el norte?

FEDE.— Sí.

ALANA.— Te lo dije.

FEDE.— Ya. Pero, ¿qué hacemos?

ALANA.— Vale, a ver, ¿por qué no rompes la burbuja?

FEDE.— No puedo.

ALANA.— ¿Cómo que no puedes?

[Sonido de un tren llegando. Sonido de puertas abriéndose.]

FEDE *habla pero no se oye. Esperan que pase el sonido.*

FEDE.— No sé, puede que haya perdido el control.

ALANA.— Cómo vas a perder...

Entra MAEL *por el otro lado, con una maleta en la mano estilo antiguo. La apoya en el suelo, saca su móvil.*

FEDE.— Mierda.

ALANA.— ¿Cómo que has perdido el control? Pero esta es una burbuja que controlas tú...

FEDE.— Es demasiado tarde. ¿Tienes algún plan?

ALANA.— No, todavía estoy tratando de entender...

MAEL.— *(Suelta el móvil como si quemara.)* ¡AHHHHHHH! ¿Quién soy? ¡Quién soy! *(Se tira al suelo.)*

ALANA.— Wow.

FEDE.— Te lo he dicho, no le ha sentado bien.

MAEL.— *(Mirándose los dedos.)* ¿Quién? *(Levanta la cabeza y mira a Fede.)*

FEDE.— Siento que voy a resetear.

ALANA.— ¡No! ¡Espera!

FEDE.— Dime, rápido. Tengo que hacerlo ya, si esperamos mucho vendrá a atacarnos, eso hizo la última vez. Y no tenemos ningún plan. ¡Usa tu mirada o algo!

ALANA.— ¡Pero que no es láser! Sólo sirve para ver tonterías.

MAEL.— *(Se incorpora y las mira. Señala a Fede.)* ¡Tú!

FEDE.— Vale, ya nos ha visto. Reseteo.

ALANA.— Tiene que haber alguna forma de hablar con él, ¿no?

FEDE.— No lo sé. Pero hay otra opción. Volver y hacerlo mejor la próxima vez.

MAEL.— ¡Tú!

ALANA.— Fede…

FEDE.— ¿Sí?

ALANA.— ¿Estamos atrapadas?

FEDE.— No, no, claro que no. Solo estoy teniendo un pequeño lapsus, se me va a pasar enseguida.

MAEL.— *(Levantándose.)* AHHH…

MAEL *se abalanza sobre ellas al mismo tiempo que* FEDE *levanta las manos haciendo un círculo para resetear la burbuja. Las luces parpadean.*

OSCURIDAD

Escena 4

Exterior. Estación de tren.

Mismo escenario.

En el banco, ALANA *sentada, leyendo un libro.*

ALTAVOZ.— Última llamada a los pasajeros del AVE Murcia-Barcelona. El tren efectuará su salida en los próximos minutos.

ALANA *cierra el libro y espera impacientemente.*

[Sonido de silbato y de puertas cerrándose. Sonido de tren que se marcha.]

Entra FEDE. ALANA *se levanta.*

ALANA.— ¿Por qué repetición vamos?
FEDE.— Treinta y siete.
ALANA.— ¿En serio?

FEDE.— No he tenido opción.

ALANA.— No puede ser. ¡Son demasiadas repeticiones!

FEDE.— Mael está cada vez peor.

ALANA.— Mael es… ¿el de la maleta? ¿sabes su nombre?

FEDE.— Lo ha dicho en un par de repeticiones.

ALANA.— Tienes que dejar de resetear esto.

FEDE.— No puedo. Mael quiere matarnos. Y cada vez que siento el peligro…

ALANA.— ¡¿Quiere matarnos?!

FEDE.— Sí, no sé, comenzó a ponerse algo triste primero. Ahora ya ha pasado a los instintos asesinos.

ALANA.— ¿Llamamos a la policía?

FEDE.— ¡No! No creo que lleguen a tiempo… y sabrán que soy…

ALANA.— Una heroína.

FEDE.— Una mierda de heroína.

ALANA.— No podemos seguir así.

FEDE.— No puedo hacer esto público. Además, hay otro problema.

ALANA.— ¿Mayor problema que que haya alguien que trate de matarnos en los próximos cinco minutos?

FEDE.— Sí.

ALANA.— ¿Cuál?

FEDE.— Supongo que no te acuerdas. He perdido el control sobre la burbuja.

ALANA.— No es posible.

FEDE.— Pues lo he perdido.

ALANA.— La burbuja depende de tu subconsciente. Tal vez solo creas que lo has perdido, pero no es posible que…

FEDE.— Te lo juro. No tengo ningún control. En cuanto siento que estoy a punto de morir, chás, empezamos de nuevo. No lo controlo…

ALTAVOZ.— El tren con origen Albacete efectuará su llegada en los próximos minutos.

FEDE.— En los próximos minutos llegará nuestro asesino.

ALANA.— ¿Nos ha matado alguna vez?

FEDE.— Claro que no, la burbuja se resetea justo antes como en las pesadillas.

ALANA.— Quizás ese es el problema.

FEDE.— ¿Qué estás diciendo? ¿Que nos dejemos matar?

ALANA.— No, escúchame. Tal vez por eso sientas que has perdido el control. Cada vez que tu subconsciente siente el peligro de morir resetea la burbuja, ¿verdad?

FEDE.— Sí, ¿puedes culparlo?

ALANA.— Entonces hay que impedir que se re-
setee.

FEDE.— ¿Pretendes que me deje matar?

ALANA.— Tenemos que salir de aquí. No podemos estar encerradas para siempre.

FEDE.— Ya, sí, genial. Pero se te ha olvidado
que no lo controlo. Cuando llega el loco ese
y me ataca pues no puedo evitar ponerme
un poquito… a la defensiva.

ALANA.— Es comprensible.

ALTAVOZ.— El tren con origen Albacete se
aproxima al andén.

FEDE.— Mierda.

ALANA.— No, Fede. No tengas miedo. Solo
tenemos que cambiar el curso de la acción,
¿vale?

FEDE.— ¿Cómo?

ALANA.— Hay que hacer algo diferente, para
que Mael no te ataque. ¿Has probado a hablar con él?

FEDE.— Quieres decir, ¿antes o después de que
se abalance sobre mí?

ALANA.— *(Lo piensa.)* Creo que sería mejor antes.

FEDE.— Sí, tiene sentido.

[Sonido de un tren llegando.]

FEDE *en tensión.* ALANA *le agarra del brazo.*

ALANA.— Hablaremos con él, lo convenceremos de que todo esto no existe. De qué se olvide de todo, y lo convenceremos de que podemos seguir adelante. Dejar atrás este momento para siempre.

[Sonido de puertas abriéndose.]

FEDE.— Va-vale. Sí. No puede ser tan difícil.
ALANA.— Esa es la actitud.

Entra MAEL *por el otro lado, con una maleta en la mano estilo antiguo. La apoya en el suelo. Se sienta en la maleta, como si estuviera hecho polvo.*

ALANA.— Vamos.

ALANA *empuja a* FEDE, *que avanza con reticencia.*

FEDE.— Se-señor.

MAEL *se gira de golpe.* FEDE *da un salto atrás.*
ALANA *se adelanta.*

ALANA.— Señor, ¿cómo se llama?

MAEL.— No lo sé *(Con voz ronca.)*

ALANA.— Empezamos mal. *(Se peina.)* A ver, haga un esfuerzo.

MAEL.— Mael...

FEDE.— Ya empieza.

ALANA.— ¡Ha dicho su nombre! Mael, ¿verdad? ¡Mucho gusto!

MAEL.— Mael... Estoy...

FEDE.— Enseguida va a saltarnos al cuello, ya verás.

MAEL *se pone de pie, las mira de forma agresiva.*

ALANA *da un salto y protege a* FEDE.

ALANA.— ¡Quieto! ¡Mael!

MAEL *se queda paralizado.*

ALANA.— ¿A dónde crees que vas?

MAEL.— Yo...

ALANA.— Recuerda. Vienes del tren de Albacete, ¿verdad?

MAEL.— *(Se rasca la cabeza.)* Sí, es cierto…
Mael dijo…

ALANA.— Vale, progresamos. Tienes una vida
fuera de aquí, ¿verdad? Tendrás familia. No
querrás quedar atrapado aquí para siempre,
¿a que no?

MAEL.— ¿Atrapado? ¡Estamos atrapados!

FEDE.— Así no vas bien.

ALANA.— Ya me doy cuenta.

MAEL.— ¡Y la culpa es suya! *(Señala a* FEDE.*)*
¡Mael me habló de ti! ¡El obstáculo en el camino eres tú!

FEDE.— No parece querer hablar conmigo.

ALANA.— ¡Silencio, los dos! Estoy pensando.
Entonces, ¿Mael no eres tú?

Ambos se quedan parados, observándola.

MAEL.— Tengo que matarla. *(Señalando a*
FEDE.*)* Mael me lo advirtió.

FEDE.— Siento que voy a…

ALANA.— ¡No vas a matar a nadie! ¡Ni tú a resetear nada! *(A* FEDE.*)*

FEDE.— He roto la cabeza de este hombre y ahora no podemos salir de aquí porque vamos a morir...

ALANA.— Espera. *(A MAEL.)*

A ver. ¿Por qué quieres matarla?

MAEL.— Mael me lo advirtió.

ALANA.— Vale, ¿por qué Mael quiere matarla? Es Mael tu…

La mirada de ALANA repara en la maleta de MAEL. Se queda asombrada.

FEDE.— ¿Qué?

ALANA.— Ahí dentro hay…

MAEL mira la maleta y recuerda lo que iba a hacer. Corre hacia la maleta para abrirla. ALANA se abalanza sobre él para impedírselo. Mientras tanto, FEDE levanta las manos haciendo un círculo para resetear la burbuja. Las luces parpadean.

OSCURIDAD

Escena 5

Exterior. Estación de tren.

Mismo escenario.

Junto al banco, ALANA *de pie, mordiéndose las uñas. Sobre el banco hay un libro.*

ALTAVOZ.— Última llamada a los pasajeros del AVE Murcia-Barcelona. El tren efectuará su salida en los próximos minutos.

[Sonido de silbato y de puertas cerrándose. Sonido de tren que se marcha.]

ALANA *mira con desesperación hacia el lugar por el que debe de entrar* FEDELMA. *Entra* FEDELMA. ALANA *corre hacia ella.*

ALANA.— Hay algo peligroso en su maleta.
FEDE.— Ya me lo has dicho.
ALANA.— ¿Cuántas repeticiones llevamos?

FEDE.— Cuarenta y dos.

ALANA.— Joder, odio no acordarme.

FEDE.— Estaría bien que te acordaras, sí. Aunque vas progresando, es la primera vez que recuerdas lo que hay en la maleta.

ALANA.— ¿No lo he recordado las anteriores?

FEDE.— Has vuelto a sorprenderte cada vez que ves ese cacharro. Es que recuerdas trozos, no todo… es un poco confuso.

ALANA.— Dímelo a mí. Bueno, pero, ¿hemos avanzado algo? ¿Qué es ese cubo que tiene en la maleta?

FEDE.— No lo sabemos. Pero Mael ha dejado de abalanzarse directamente sobre mí y ha aprovechado el tiempo perdido en el tren para ensamblar lo que sea el cacharro ese. Sigue sin saber quién es pero se ha vuelto algo más racional, lo que en principio parecería bueno pero en realidad quiere decir más maquiavélico. En un par de ocasiones nos ha amenazado antes de intentar matarnos. La última quería negociar.

ALANA.— ¿Con resultados?

FEDE.— Por ahora seguimos a punto de morir.

ALANA.— ¿Pero qué pide?

FEDE.— Algo del caos y la oscuridad en el planeta.

ALANA.— ¿Y no podemos dárselo?

FEDE.— ¡No podemos ni salir de esta burbuja!

ALANA.— Ya, claro.

FEDE.— Pues eso.

ALTAVOZ.— El tren con origen Albacete efectuará su llegada en los próximos minutos.

ALANA.— ¿Y no se te hace raro?

FEDE.— ¿El qué?

ALANA.— Que llegue un tío extraño con un peligroso cubo en un maletín a una burbuja temporal en la que hay dos heroínas encerradas.

FEDE.— ¿No es lo que hacen?

ALANA.— ¿Quién?

FEDE.— ¿Los tíos extraños?

ALANA.— Los tíos en general no lo sé. Pero los villanos, sí.

FEDE.— *(Se va exaltando.)* ¿Villanos? A ver, para el carro, te estás viniendo muy arriba. Ni tú ni yo somos heroínas ni ese tío es ningún villano. Y esto no es Marvel, es solamente la estación del Carmen de Murcia. ¿Me oyes? ¡Solo somos dos pringadas atascadas en una estación de mierda en un momento de mierda que nunca se acaba!

ALANA.— *(Espera a que acabe.)* ¿Ya? ¿Más tranquila?

Fede.— Sí, me hacía falta.

Alana.— ¿Te recuerdo ahora que todo esto lo empezaste tú o mejor intentamos planificar algo para cuando venga el villano?

Fede.— Planificar, supongo.

Alana.— Bien.

Altavoz.— El tren con origen Albacete se aproxima al andén.

Fede.— Joder, qué rápido.

Alana.— A ver, vamos a negociar con él. Tiene que haber algo que podamos hacer.

Fede.— Si tú lo dices.

[Sonido de un tren llegando. Sonido de puertas abriéndose.]

Alana.— Hay que descubrir para qué sirve el cubo ese. Igual podemos prometerle algo a cambio.

Fede.— ¿Le mentimos? ¿Le prometemos el caos en el mundo?

Alana.— *(Se encoge de hombros.)* En el mundo siempre hay caos, igualmente.

Fede.— No sé yo.

A Alana se le cae el libro al suelo. Ambas se agachan a recogerlo al mismo tiempo. Sus ma-

nos se rozan. Se miran a los ojos. Entra MAEL
por el otro lado, con una maleta de estilo an-
tiguo en la mano. La apoya en el suelo dando
un golpe y rompe el momento.

MAEL.— Hola.

ALANA.— Hola.

FEDE.— *(Reticente.)* Hola.

ALANA.— ¿Qué quieres, villano?

MAEL.— Quiero el caos en el mundo. *(Suelta
una carcajada de villano.)*

FEDE.— Es que suena poco creíble.

ALANA.— Shhh. *(A* MAEL.*)* ¿Cómo podemos
ayudar?

MAEL.— Veamos.

MAEL *se agacha y comienza a abrir la maleta.*

ALANA.— ¡Espera! ¿Nos cuentas un poco de qué
va todo esto, primero?

MAEL.— ¿Qué queréis saber?

FEDE.— ¿Quién es Mael?

MAEL.— Ya os lo he dicho. Mael es el Gran Señor de las Colonias de Urano III.

FEDE.— ¿Hay Urano III?

ALANA.— ¿Hay Urano II?

MAEL.— Claro. ¿No los conocéis? ¿No os llegan las noticias?

FEDE.— Pues a Murcia no.

ALANA.— A ver, centrémonos, Mael es tu jefe, ¿no? ¿Y tú quién eres?

MAEL.— Mael.

FEDE.— ¿Eres tu propio jefe? ¿Eres autónomo?

MAEL.— No, es mera coincidencia.

ALANA.— Vale, Mael, entonces. Has sido enviado por el otro Mael al planeta tierra, concretamente a Murcia para hacer algo con un cubo.

MAEL.— En efecto.

ALANA.— ¿Y qué hace ese cubo?

MAEL.— Si os lo dijera tendría que mataros.

FEDE.— ¿No nos ibas a matar igual?

MAEL.— Sí.

FEDE.— Pues entonces dinos lo que hace el cubo.

MAEL.— No me líes. Me estáis retrasando.

ALANA.— ¿Qué vas a hacer?

MAEL.— *(Se agacha para abrir la maleta.)* Voy a sacar el cubo.

MAEL *saca el cubo un rubik plateado.*

FEDE.— ¿Y después?

MAEL.— Os mato.

FEDE.— Ya estamos.

ALANA.— ¡Pero si te hemos prometido ayudarte!

MAEL.— Ya, pero mi cometido es mayor.

FEDE.— Siento que voy a resetear.

ALANA.— ¡No! Espera un minuto. *(A MAEL.)* ¿Por qué quieres matarnos si puede saberse?

MAEL.— Órdenes de Mael, el Gran Señor de las Colonias de Urano III.

ALANA.— Ya, ya, vale, pero, ¿por qué quiere Mael que nos mates?

MAEL.— No sé.

FEDE.— ¿Alguna idea?

MAEL.— Sois superheroínas. Molestáis, supongo.

FEDE.— Qué manía, que yo no soy heroína de nada. Que yo solamente quería ligar con ella y repetir la conversación, porque las primeras cinco veces no me había ido muy bien. No tengo poderes, solamente es un pequeño truco, ¡¡vale?!

Mael y Alana la miran en silencio unos segundos. Alana se vuelve hacia Mael.

ALANA.— ¿De verdad que tu jefe te ha enviado, de todos los sitios del planeta, a activar el cubo justo aquí? ¿A la estación del Carmen de Murcia?

MAEL.— Dónde si no.

FEDE.— Pues también es verdad. Nueva York imagino que ya estará pillado en esta época del año.

ALANA.— *(Respira.)* A ver, ¿podemos hacer algo para que no actives el cubo?

MAEL.— No.

FEDE *pone los ojos en blanco y se sienta en el banco.*

ALANA.— ¿Pero no te das cuenta de que si la activas Fede va a resetear todo otra vez y no vamos a salir nunca de aquí?

FEDE *levanta las manos haciendo un círculo para resetear la burbuja. Las luces parpadean.*

OSCURIDAD

Escena 6

Exterior. Estación de tren.

Mismo escenario.

En el banco, ALANA *sentada, leyendo un libro.*

ALTAVOZ.— Última llamada a los pasajeros del AVE Murcia-Barcelona. El tren efectuará su salida en los próximos minutos.

ALANA *deja el libro, mira alrededor.*

ALANA.— Mierda.

ALANA *se levanta.*

[Sonido de silbato y de puertas cerrándose. Sonido de tren que se marcha.]

Entra FEDE, *resignada.*

ALANA.— ¿Le hemos quitado el cubo?
FEDE.— No.

ALANA.— ¿Cuántas veces llevamos?

FEDE.— Sesenta y ocho.

ALANA.— Tiene que haber algo que no hayamos pensado.

FEDE.— Eso mismo has dicho las diez anteriores.

ALANA.— ¿Y lo he encontrado?

FEDE.— No.

ALANA.— ¿Y por qué estás tan tranquila?

FEDE.— Me he dado cuenta de que voy a pasar la eternidad en esta burbuja temporal. *(Sonríe, se sienta en el banco.)*

ALANA.— ¿Y eso te hace feliz?

FEDE.— Sí.

ALANA.— No lo entiendo.

FEDE.— Ya te acordarás.

ALANA.— ¿Ha pasado algo nuevo?

FEDE.— Sí.

ALANA.— ¿El qué?

FEDE.— Siéntate.

ALANA *obedece y se sienta a su lado.*

ALANA.— Tendríamos que pensar algo para cuando Mael vuelva. Seguro que hay algo que no hayamos hecho todavía…

FEDE *se acerca a un palmo de su cara.*

ALANA.— Espera, esto no lo hemos hecho.

FEDE.— Yo creo que sí.

ALANA *y* FEDE *se besan.*

ALTAVOZ.— El tren con origen Albacete efectuará su llegada en los próximos minutos.

ALANA.— Wow. No me imaginaba esto.

FEDE.— Yo tampoco. Bueno, un poco sí.

ALANA.— ¿Por eso estabas tan feliz?

FEDE.— Exactamente.

ALANA.— Ya viene el tren. ¿Qué hacemos?

FEDE.— ¿Qué se te ocurre? Tú eres la creativa de la pareja.

ALANA.— ¿Le robamos el cubo? ¿Espera, has dicho pareja?

FEDE.— Se me ha escapado. Robarle el cubo me parece bien.

ALANA.— En cuanto llegue. Lo distraes y voy a por la maleta.

FEDE.— *(Suspira.)* Está bien, de acuerdo.

ALANA.— ¿Lo hemos intentado ya?

FEDE.— Sí.

ALTAVOZ.— El tren con origen Albacete se aproxima al andén.

[Sonido de un tren llegando]

ALANA.— ¿Qué hacemos entonces?

Fede vuelve a besar a Alana.

[Sonido de puertas abriéndose.]

ALANA.— Espera, está a punto de volver a suceder…

FEDE.— No me importa.

Entra Mael con la maleta.

ALANA.— ¡Ahora!

Alana sale corriendo hacia Mael. Fede suspira y la ayuda. Forcejean. La maleta cae al suelo.

MAEL.— ¡Qué hacéis!

ALANA.— ¡Dame el cubo!

MAEL.— ¡Deteneos!

MAEL *empuja a* ALANA *que cae hacia atrás,* FEDE *la sostiene antes de que se caiga del todo.* ALANA *queda de rodillas. Se miran. La maleta está en el suelo.* ALANA *mira la maleta.*

MAEL.— Ni se te ocurra.

ALANA.— ¡Sujétalo!

FEDE *se lanza contra* MAEL, *mientras* ALANA *llega a la maleta y la abre.*

ALANA.— ¡Lo tengo!

MAEL.— ¡Cuidado!

FEDE.— Estate quieto.

ALANA.— Eso, estate quieto o lo rompo.

> MAEL *se recompone la chaqueta y se aparta de* FEDE. *Respira hondo.*

MAEL.— Estoy quieto.

FEDE.— Así me gusta.

ALANA.— *(Eufórica.)* ¡Lo tenemos!

> ALANA *pone el cubo delante de ella y lo mira maravillada, ajena a la conversación.*

MAEL.— No importa.

FEDE.— ¿Por qué?

MAEL.— No sabéis usarlo.

FEDE.— Aprenderemos.

MAEL.— Y aunque supierais daría igual.

FEDE.— ¿Por qué?

> *A cámara lenta (con luces intermitentes)* MAEL *saca un mando a distancia y apunta hacia el cubo.* FEDE *intenta interponerse.* ALANA *grita en silencio.*

OSCURIDAD

Escena 6.2

Exterior. Estación de tren.

Mismo escenario.

En el banco, ALANA *sentada, sin leer, aburrida.*

ALTAVOZ.— Última llamada a los pasajeros del AVE Murcia-Barcelona. El tren efectuará su salida en los próximos minutos.

[Sonido de silbato y de puertas cerrándose. Sonido de tren que se marcha.]

Entra FEDE *con una rosa hecha con una servilleta. Se la da.* ALANA *sonríe.*

ALANA.— Gracias
FEDE.— Tengamos una cita.
ALANA.— Una cita. ¿Aquí?
FEDE.— Sí.

ALANA.— Pero solo tenemos unos minutos hasta que llegue…

FEDE.— Pues que sean los mejores minutos de nuestra vida.

ALANA.— *(Se ríe.)* Ah, que va en serio. ¿Vale?

FEDE.— Hagamos un picnic.

ALANA.— ¿Tienes comida? La verdad es que hace siglos que no pruebo bocado…

FEDE.— Pero hace siglos que no vamos al baño. ¿No es genial?

ALANA.— No lo sé.

FEDE.— Oye, tengo una manzana.

ALANA.— ¡Nunca la has sacado!

FEDE.— Estaba a otras cosas, la verdad.

> FEDE *saca la manzana y la coloca en el suelo sobre una servilleta. Se sienta. Saca también una cantimplora.*

ALANA.— Dime que es vino.

FEDE.— Pues no, es agua de la fuente de… *(Se da cuenta.)* ¡Claro que es vino! Tinto.

ALANA.— Blanco mejor.

FEDE.— Pues blanco, es vino blanco. Claro que sí. Y la manzana es…

ALANA.— ¡Espagueti, como en la dama y el vagabundo!

FEDE.— Entonces, nos tendríamos que poner la manzana en medio y darle un bocado… *(Se la pone en los labios.)*
ALANA.— Hmm, no, queda raro.
FEDE.— Bueno, yo lo he intentado.
ALANA.— Está bien. Sí, está muy bien intentarlo.
Fede.— Claro que sí, estamos bien.

Silencio.

FEDE.— Alana. Estamos bien.
ALANA.— Sí, ya te he oído.
FEDE.— ¡No has probado el vino!
ALANA.— ¡Vino me haría falta!

FEDE *le da un sorbito, como si fuera una copa de cristal delicado. Se la pasa a* ALANA *con delicadeza.* ALANA *la toma con rabia, le da la vuelta y bebe con ansia.*

FEDE.— Tenías sed.
ALANA.— La verdad es que sí.
FEDE.— Si te lo bebes de golpe te emborracharás.
ALANA.— Ya estoy borracha.
FEDE.— Ah, ¿ya?

ALANA.— ¿Tú no?

FEDE.— Claro, ejem. Borrachísima. Es lo que hago en todas las citas.

ALANA.— ¡Genial!

FEDE.— Estupendo.

ALANA.— Pues estamos… borrachas… *(Se levanta dando tumbos.)*

ALTAVOZ.— El tren de Albacete se aproxima al andén.

FEDE.— Ya viene, voy a recoger esto.

ALANA.— No lo recojas, ¿qué más da?

FEDE.— Pues…

ALANA.— Llegará Mael, dirá que nos mata y ya está.

FEDE.— Pues sí, pero…

ALANA.— Nada nuevo.

Entra MAEL.

MAEL.— *(Cansado.)* Hola.

ALANA.— ¡Hola! Bienvenido a la fiesta.

MAEL.— ¿Hay una fiesta?

FEDE.— ¿Cómo que una fiesta?

ALANA.— ¡La fiesta de las heroínas! Tenemos de todo. Vino, espagueti…

FEDE.— Bueno, lo que es tener pues no tenemos…

MAEL.— Ohh, ¿puedo? Hace mil que no pruebo bocado.

ALANA.— He dicho lo mismo. Hace exactamente... ¿cuántas repeticiones llevamos?

FEDE.— Doscientos y...

ALANA.— *(La interrumpe.)* ¡Genial, Mi número favorito!

FEDE.— Alana...

ALANA.— Fede, tengamos los mejores cinco minutos de nuestra vida.

MAEL.— *(Con la boca llena.)* Está buena la manzana esta.

ALANA.— ¡Son espaguetis!

MAEL.— ¿Ah, sí? No me aclaro aún con la comida de por aquí. Pero oye, deliciosos. Últimamente me estoy aficionando al planeta Tierra

FEDE.— Es que la Tierra es genial. ¡El mejor sitio! Hay muchos... ¿trenes?

ALANA.— ¡Y heroínas! No te olvides.

FEDE.— Sí, eso también, supongo.

MAEL.— La verdad es que sí hay, nunca he visto tanta concentración de heroínas por metro cuadrado. Aunque suelen estar más al norte, eh, en ciudades grandes. Vaya faena me dan.

ALANA.— ¿Quieres vino también? *(Le pasa la cantimplora.)*

MAEL.— Gracias. *(Bebe.)*

ALANA.— ¿Y es complicado esto de asesinar... heroínas?

MAEL.— Prefiero llamarlo «eliminar objetivos peligrosos que puedan corromper el orden social». Y suele ser más fácil, la verdad. Llego y pim pam. No suelo encontrarme con este... jaleo.

FEDE.— ¡Ni con fiestas!

MAEL.— Sí, es la primera vez que me invitan a una. Gracias.

ALANA.— De nada.

MAEL.— Me lo estoy pasando muy bien.

FEDE.— Pero... ¿tú no nos querías matar?

MAEL.— Sí, después de la fiesta os mato.

ALANA.— ¡Es la mejor fiesta del mundo!

FEDE.— Es que...

ALANA.— Y puede que mañana no nos acordemos de nada ¡y volverá a ser la mejor fiesta del mundo! Qué suerte la nuestra, ¿no?

FEDE.— Alana...

ALANA.— Creo que me está subiendo el vino. *(Toma otro trago).*

MAEL.— A mí también. *(Ríe.)*

FEDE.— Pues a mí no.

ALANA.— ¡Pues bebe más! *(Le pasa la cantimplora.)*

FEDE.— Bueno, vale…

ALANA.— Es que no me canso nunca de esta fiesta. *(A* MAEL.*)* Oye, ¿y tú? ¿No te cansas de matar?

MAEL.— Pues no me lo había planteado nunca.

ALANA.— Si pudieras elegir otra profesión, ¿cuál sería? ¿Hay otros trabajos en…?

FEDE Y MAEL.— Urano III

ALANA.— Iba a decir en tu pueblo.

MAEL.— Pues hay tres tipos de persona en Urano III: están los pensadores, como Mael (mi jefe, no yo), que son los que descubren el camino a seguir. Luego están los agentes (como yo, el otro Mael), que nos encargamos de que se hagan las cosas, y por último están los causantes del «caos y oscuridad en el planeta».

ALANA.— Como Fede.

FEDE.— ¿Yo?

MAEL.— Son villanos que crean caos al no seguir las normas. Los que intentan volar. Los que crean portales galácticos, los que deciden ser inmortales…

ALANA.— Ah, inconformistas.

FEDE.— ¿Y lo consiguen?

MAEL.— Te sorprenderías. Algunos llegan lejos. Luego nos los cargamos.

ALANA.— ¿A ti te gustaría ser inmortal, Fede?

FEDE.— No estaría nada mal, ¿no?

ALANA.— No…

FEDE.— No tener que pensar si estás desperdiciando tu vida, no tener que preocuparte por tomar la decisión correcta…

ALANA.— Bueno, tú siempre puedes resetearlo todo y ya está, ¿no, Fede?

FEDE.— No funciona así…

MAEL.— Tu poder es bastante especial, tengo que reconocerlo. Aún no me había encontrado a nadie que pudiera hacer… esto.

FEDE.— ¿Hacer qué?

MAEL.— Cagarla tanto. Ni que causara tanto caos.

FEDE.— ¿Y por qué quieres matarme si traigo caos?

MAEL.— Porque no eres tú quien debe traer caos y oscuridad al planeta. Eres una heroína. Debes hacer el bien. Los villanos traen el caos. Las heroínas caóticas deben ser eliminadas.

FEDE.— Ya estamos. A lo mejor soy una villana.

ALANA.— No tienes nada de villana.

FEDE.— Pues yo creo que sí tengo.

ALANA.— ¿Ah, si?

FEDE.— Sí, a veces me río de la gente que se cae. Y a veces me cuelo en el cine. ¡Y una vez no cedí el asiento en el tren a una abuela!

ALANA.— ¿Por qué?

FEDE.— Es que estaba muy mareada...

MAEL.— Para ser villano hace falta mucho más... (Ríe con su risa de villano)

FEDE.— Yo también puedo hacer eso. Mira. *(Intenta reírse como un villano)*

ALANA.— Es verdad que es muy poco creíble.

FEDE.— Ya te lo he dicho.

MAEL.— Pues en Urano III funciona. ¡Es súper inquietante!

ALANA.— No, si inquietante aquí también es.

MAEL.— No importa. El caso es que tú tienes alma de heroína...

FEDE.— Que no soy una heroína...

MAEL.— Aunque una heroína caótica.

ALANA.— Pues a mí me gustan las heroínas caóticas.

FEDE.— Os estáis pasando.

ALANA.— Lo digo en serio. Si te hubiera conocido en otro momento...

FEDE.— Bueno, pero nos hemos conocido en este momento. Y este momento está bien. Súper bien.

MAEL.— Está genial.

ALANA.— Espectacular. ¡Brindemos! Por más momentos como este.

FEDE.— Por este momento para siempre.

MAEL.— Por el caos y la oscuridad en el planeta.

Ríen. Se abrazan. MAEL *ríe como un villano y las heroínas lo imitan.*

MAEL.— No os sale.

Siguen riendo. Se les pasa. Se quedan en silencio.

MAEL.— *(Vuelve a ponerse serio.)* Bueno, la fiesta ha estado genial. Pero ahora os tengo que matar.

FEDE.— ¿Ya?

MAEL.— Sí, creo que hemos estirado el tiempo más de lo que el caos permite.

ALANA.— Ha sido una fiesta estupenda, Fede. Gracias por todo. *(Le da un beso en la mejilla.)*

FEDE.— Ehm, de nada. *(Preocupada.)*

MAEL *se agacha hacia su maleta para sacar el cubo.*

ALANA.— Ejem.

FEDE.— Ya voy, ya voy.

FEDE *levanta las manos haciendo un círculo para resetear la burbuja. Las luces parpadean.*

OSCURIDAD

Escena 7

Exterior. Estación de tren.

Mismo escenario.

En el banco, Alana *sentada, sin leer, con la mirada triste.*

Altavoz.— Última llamada a los pasajeros del AVE Murcia-Barcelona. El tren efectuará su salida en los próximos minutos.

[Sonido de silbato y de puertas cerrándose. Sonido de tren que se marcha.]

Entra Fede.

Fede.— Hola, amor.

Alana *no responde. Sigue mirando hacia el andén.* Fede *se sienta en el banco, juega con el pelo de* Alana.

FEDE.— ¿Qué te pasa?

ALANA.— ¿Cuántas veces?

FEDE.— Trescientos cincuenta y ocho reseteos a tu lado.

FEDE *intenta besarla.* ALANA *no le devuelve el beso.*

FEDE.— ¿Qué ocurre?

ALANA.— He encontrado la manera.

FEDE.— ¿Qué quieres decir?

Alana se levanta.

ALANA.— *(Murmura.)* Tiene que ser eso.

FEDE.— Ya sabes que no podemos luchar contra Mael, hemos probado todo…

ALANA.— Lo sé.

FEDE.— Le hemos quitado el cubo más veces de las que recuerdo, pero siempre consigue activarlo, de una manera o de otra...

ALANA.— Pero no es eso.

FEDE.— ¿Qué es?

ALANA.— Estábamos enfocando esto mal. No tenemos que luchar contra el villano.

FEDE.— ¿Y contra quién si no? Él lleva el cubo. Aquí solo estamos nosotros tres.

ALANA.— Exacto.

FEDE.— Solo faltaría que lucháramos entre nosotras, ¿te imaginas? Superheroínas murcia-
nas se enfrentan en la estación del Carmen.
Ni el Mundo Today.

FEDE *se ríe pero cuando ve que* ALANA *conti-
nua seria se detiene.*

FEDE.— No lo dirás en serio.
ALANA.— La clave somos nosotras.
ALTAVOZ.— El tren con origen Albacete efectuará su llegada en los próximos minutos.
FEDE.— Alana, mírame, ¿cómo que luchemos
nosotras? Somos las heroínas, ¿recuerdas?
No vamos a luchar entre nosotras.
ALANA.— No lo sé, Fede. Algo me dice que el
problema no es el villano. Es decir, piénsalo, ¿por qué empezó todo? Porque sentiste la
necesidad de hablar conmigo, de repetir una
conversación que había salido mal. Querías
volver a tener la oportunidad de revivir este
momento, una y otra vez, hasta que saliera
bien.
FEDE.— Y ha salido bien *(Se acerca, le retira el
pelo de la cara.)* Nos tenemos la una a la otra,
¿no lo ves?

ALANA.— No debería de ser así. La vida no se repite, Fede. No podemos revivir cada momento hasta que salga lo que quieres.

FEDE.— Yo creo que sí se puede.

ALANA.— No siempre sale lo que quieres. A veces no se gana, ¿sabes?

FEDE.— Hemos ganado.

ALANA.— Y también hemos perdido. Trescientos cincuenta y ocho veces. Estamos atascadas.

FEDE.— ¿Qué importa?

ALANA.— Importa.

FEDE.— Shh…

ALANA.— Creo que la clave está en nosotras. Piénsalo. La burbuja comienza cuando tú me ves en la estación. Sentada, leyendo. ¿Qué pasaría si no me vieras? Si nunca me conocieras. Todo sería distinto (pausa) Por fin.

ALTAVOZ.— El tren con origen Albacete se aproxima al andén.

FEDE.— No digas esas cosas. Ven.

FEDE *abraza a* ALANA. *Esta se deja.*

[Sonido de un tren llegando. Sonido de puertas abriéndose.]

Entra MAEL *por el otro lado, con una male-*
ta en la mano estilo antiguo. La apoya en el
suelo, con un golpe sordo. Ya lleva el cubo en
la mano.

ALANA.— Adiós, Fede.
FEDE.— No digas eso.
MAEL.— *(Mira a* FEDE.*)* ¡Tú!
FEDE.— No, no, no.

Con tristeza, FEDE *levanta las manos ha-*
ciendo un círculo para resetear la burbuja.
Las luces parpadean.

OSCURIDAD

Escena 8

Exterior. Estación de tren.

Mismo escenario.

En el banco, Alana *sentada, leyendo un libro.*

Altavoz.— Última llamada a los pasajeros del AVE Murcia-Barcelona. El tren efectuará su salida en los próximos minutos.

Alana se levanta. Deja el libro. Mira hacia el lugar por el que llegará Fede.

Alana.— Te quiero, Fede.

Se despide y se decide a marchar.
Pero cuando a punto de bajar del escenario, se le ocurre una cosa. Vuelve, coge el libro, saca un boli y apunta rápidamente algo en una de las páginas del interior. Deja el libro

en el banco otra vez y sale con prisa.
Baja las escaleras del escenario. Camina por
el pasillo del público y sale del teatro.

[Sonido de silbato y de puertas cerrándose.
Sonido de tren que se marcha]

Entra Fede. *Su sonrisa desaparece cuando*
ve que Alana *no está. Se sienta en el banco.*
Coge su libro.

Altavoz.— El tren con origen Albacete efectuará su llegada en los próximos minutos.

Fede.— *(Llorando.)* ¿Cuánto tiempo es para…? ¿Cuántas veces…? (No le sale, busca la cita en el libro, la lee cambiada.) ¿Cuántas veces es para siempre? Cuatrocientas.

Altavoz.— El tren con origen Albacete se aproxima al andén.

Se da cuenta de que tiene que irse pronto.
Entonces va a cerrar el libro para despedirse.
Y ve la nota que ha escrito Alana.

Fede.— *(Lee confusa.)* Seis, cinco, seis… *(Se le ilumina el rostro.)*

Fede *se incorpora rápidamente. Se seca las lágrimas. Está contentísima.*
Fede *sale del escenario, abrazando el libro muy contenta.*
Queda vacío.

[Sonido de un tren llegando. Sonido de puertas abriéndose.]

Entra Mael *por el otro lado, con una maleta en la mano estilo antiguo. La apoya en el suelo, saca el cubo del bolsillo. Llega hasta el banco, apoya el cubo. Mira a su alrededor. Hace el meme de Travolta.*

Mael.— Mierda.

Mael *saca el móvil, llama por teléfono.*

Mael.— *(Suspira.)* A ver ahora cómo se lo explico al jefe.

Mael *comienza a andar hasta la maleta.*

Mael.— Hola, Mael, aquí el agente Mael. Creo que nos hemos equivocado de sitio eh. Ya decía yo que en Murcia no podía haber súper heroínas. Yo probaría en Nueva York otra vez...

MAEL *se marcha con su maleta. Olvida el cubo en el banco.*

[Los focos se van acabando hasta iluminar únicamente el cubo.]

OSCURIDAD

FIN

BIOGRAFÍA

Inés Galiano nació en Murcia en 1992, y se graduó en Traducción en Interpretación en la UMU. Vivió tres años en Tennessee, donde estudió Comunicación de radio, televisión y cine; y trabajó en la cadena de TV local. Después se mudó a Barcelona a estudiar cine en ESCAC, donde se ha quedado a vivir y trabaja como traductora y gestora de proyectos.

Ha escrito y dirigido varios cortometrajes como *Frames* (Premio Latino Opera Prima) y obras de teatro como *Sonríe que estás más guapa*. *Cuatrocientas* se estrenó con Cia La Literata en el XV Festival Mutis de teatro emergente de Barcelona, donde fue galardonada con una mención especial del jurado.

Desde 2020, también *podcastea* y edita en la revista de ciencia ficción y fantasía *Droids & Druids*, y ha publicado novelas como *Proyecto Kétchup* (Editorial Obscura, 2023, que le valió el Premio Ignotus de novela y fue finalista en los Premios Kelvin del Celsius), y *Crónica de dos noches sin verano* (Editorial Literup, 2024).

También es comisaria del Festival Terramur, el primer festival de literatura fantástica de Murcia.

ÍNDICE

CUADERNOS DE PLATEA
TÍTULOS